ΑΊΛΟΥΡΟΣ

ИВАН ЛАЛИЧ

концерт
византийской музыки

———————

ВАСКО ПОПА

маленькая шкатулка

Составление,
перевод с сербского
и предисловие

АНДРЕЯ СЕН-СЕНЬКОВА
и
МИРЬЯНЫ ПЕТРОВИЧ

Ailuros Publishing
New York
2013

Ivan Lalich. The Concert of Byzantine Music
Vasko Popa. The Little Box
Translated by Andrei Sen-Senkov and Mirjana Petrovic

Ailuros Publishing
New York
USA

Подписано в печать 14 января 2013 г.

В работе над переводами использованы следующие издания: Иван В. Лалић «О делима
љубави или Византија», Београд, 2004, Чигоја штампа; Васко Попа «Кора», «Непочин-поље»,
«Усправна земља» и др. в: Антологија српске књижевности, 2009, Дигитална библиотека Учи-
тељског факултета Универзитета у Београду.

Художник обложки — Ирина Глебова.
Обработка рисунков и предпечатная подготовка обложки: Анаит Григорян.
Редактирование, корректура, примечания и верстка: Елена Сунцова.

Прочитать и купить книги издательства «Айлурос» можно на его официальном сайте:
www.elenasuntsova.com

ISBN 978-1-938781-06-3

Неразлучные антиподы сербской поэзии

Книга, которую русский читатель держит в руках, представляет собой странный, на первый взгляд, сплав стихотворений двух абсолютно непохожих сербских поэтов — Ивана Лалича и Васко Попы. Но сплав этот отнюдь не случаен. Именно в текстах Ивана Лалича и Васко Попы — как в персонажах Таро, антиподных и одновременно неразлучных — отражаются базовые направления сербской поэзии после Второй мировой войны. Не лишним здесь будет упомянуть, что Иван Лалич и Васко Попа были знакомы, дружили, писали друг другу и друг о друге и даже одно время работали вместе редакторами в известном сербском книжном издательстве «Нолит». Во второй половине XX века, когда весь мир разделился на два гигантских блока, сокративших сообщение между собой до минимума, Лалич и Попа жили и творили, не чувствуя границ и расстояний.

Иван Лалич (как принято писать в Сербии, Иван В. Лалич) родился 8 июня 1931 года в Белграде. Умер там же 27 июля 1996-го. В послевоенное время, когда сербскую поэтическую сцену сотрясали споры традиционалистов-романтиков и модернистов, поэзия Лалича указала новое направление, которое сегодня критики называют неосимволизмом. Исходя из достижений европейского символизма, Лалич развил особый барочный стиль, некий вид «страстной меры», по названию одной из его книг. Термин «страстная мера» стал поэтическим кредо Ивана Лалича: «Как когда-то говорил древний поэт, / Петь разумно и с любовью», «Забытое искусство ‹поэзии›: быть в равновесии, но неосторожным…». Лаличу всегда было близко древнегреческое понимание меры, но он прибавлял к нему особый вид страстного состояния поэта (не чрезмерность или буйность, а некое вдохновение, которое пробуждает любовь — высокая любовь, и поэтому это и «высокая мера», как ее еще называют у Лалича). В его хорошо продуманных и четко организованных стихах (по словам самого Лалича, он мог одиннадцать лет держать стихотворение в уме до того, как записать его на бумаге) чувствуется наследие европейской культуры, искусства и словесности вместе взятых. История красоты языковых усилий человечества, от античности до XX века, и Византия как символ такого усилия — вот что стало для Лалича неисчерпаемым источником вдохновения и сквозной темой творчества. Книжность и мудрость зрелой Византии повлияла на Лалича и стилистически: такие жанры агиографической, исторической и в особенности церковной поэзии, как молитва, канон и гимн, часто служат каркасом его стихотворений. Но у Лалича, поэта, прошедшего литературную школу XX века, антично-византийский опыт письма обрел новую форму (чаще всего — свободного стиха, хотя им использовался и рифмованный стих), ритмику и современные образы.

Так, на берегах у Ивирона, Эсфигмена и Хиландара, любимых поэтом афонских монастырей, появлялись машины, в море — катера, на поверхности волн — нефтяные пятна, небо пересекали самолеты, иноки использовали мобильные телефоны... Лалич не отвергал новое, но верил: радость и смысл видимое обретает только в том, что находится по ту сторону — будучи при этом спаяно с невидимым, как зеркало с зазеркальем. Может, именно поэтому единожды опубликованное стихотворение он уже никогда не переделывал.

Васко Попа, этнический румын, родился 29 июня 1922 года в Гребенце, Сербия. Умер 5 января 1991-го в Белграде. Его первый сборник стихов «Кора», появившийся в 1953-м, можно назвать началом сербской модернистской поэзии после Второй мировой войны. Вот что о Попе пишет Иван Лалич в своем эссе: «Тогда, когда было необходимо, чтобы в нашей поэзии что-то случилось — после всего того, что в ней происходило и не происходило в первые послевоенные годы, — Васко Попа появился как целостная поэтическая фигура: он предоставил свой собственный поэтический язык, свое собственное личное высказывание и свои особенные недомолвки. Он сразу стал восприниматься зрелым поэтом. Хотя "Кора" представляла собой всего лишь экспозицию поэзии Попы, поэт в этой книге целостен; все, что потом происходило с его стихотворениями (а происходило многое), получило свое направление здесь». Появившись на поэтической сцене Югославии, Попа не оставлял равнодушными читателей. Его либо любили, либо ненавидели, ставя в вину «непонятность» и видя в ней пагубное влияние сюрреализма, расцветшего в Белграде до эпохи строительства социализма. И правда, стихотворения Попы отличаются обманчивой простотой, которая есть не что иное, как сжатие разнообразных речевых элементов — народных пословиц, поговорок, афоризмов, современной городской лексики, культурных кодов — в единую, новую поэтическую формулу с особой идиоматичностью и следующей за ней герметичностью. Правота осуждавших Попу была лишь в том факте, что поэт и впрямь использовал некоторые достижения сюрреалистов — но использовал он их в своей очень строгой поэтической технике, которая не допускала никакого диктата иррационального. Возможно, подобному недопониманию своей поэтики помог и сам Попа, ибо программных текстов о собственном творчестве он писать не любил. Существует лишь один текст такого рода, где он пишет: «Спрашивают — что значит твое стихотворение? Почему не спрашивают у яблони, что значит ее плод, ее яблоко? Если бы яблоня умела говорить, она бы тогда, наверное, ответила: откуси яблоко — и поймешь его значение!». У Попы вышло восемь книг стихов, которые, по его замыслу, представляют собой волшебный круг из символов: каждая из этих книг отмечена особым знаком, изобретенным поэтом.

Мы очень рады, что Иван Лалич и Васко Попа встретились в одной книге.

ИВАН ЛАЛИЧ

концерт
византийской музыки

Византия

Окруженный золотом образ, невинная киноварь
Состарившегося солнца, я пою тебе, потому что люблю,
Пою под травой и кипарисами, ты — мертвое чудо
С мраморными костями, презренная красавица;
С гордостью думаю о тебе, с горстью твоего мудрого золота
На дне моих глаз, которые выросли из земли,
Как цветы, медленно напившиеся
Твоей последней крови, строгая учительница.
Презираю презрение, родившееся недоношенным
У бессильной ненависти в восхищенных глазах,
Вышедших из лесов, в которых заходит солнце.
О, как они тебя ненавидели, волшебный мертвый свет!

Возникали купола
Чашками из золота,
Пока на западе еще —
Ни гвоздей, ни молота.
Когда воины славных дней
Еще мучились от вшей.

Красота твоя непростительна, и мудрость твоя здесь лишняя,
Ты — разрушенная граница, с двумя великими мирами,
Еле-еле обменивающимися кровью. Ты была еще тяжела
Из-за мраморных богов, уснувших с открытыми глазами
Под лезвиями трав. Ибо у тех же самых берегов были
Те же синие уста и то же самое солнце. Тем же самым маслинам,
Как и всему мягкому, угрожала опасность созреть. Зрелость агавы
Похожа на взгляд царей с лестницы.
Может, немного скучней. Слишком много благородных
И жестоких картин, утонувших в озерцах
Глаз красивых женщин. И стены пели.
А границы отступали, как дрессированное море.

На западе порода
Выходит из землянок.
Carolus Rex давай писать,
А потом чуть-чуть считать.
Старое солнце, как толстый упырь,
Превращается в мыльный пузырь.

Удвоенная мудрость, как роща окуренных ладаном
Серебряных кипарисов, строгая учительница,
Ты опьянила защищенные глаза,
Строй варваров с крестами на голодных животах.
Изнасилованная, ты смогла проглотить их вместе с конями.
Мертвый свет, ты первый услышал топот
Пыльной и страшной зеленой конницы на окраине
Твоего мира. В конечном итоге остается только город
У горла моря, подпоясанный красными глазами огней,
И взгляды, лихорадочно множащиеся на башнях
И брошенные в жестокую пустоту пучины
Без парусов. Они забыли про тебя, красота мира,
Ибо так захотели. Кровь твоя на их головах.

> *Что поделать, если у Мехмеда*
> *Есть такие пушки.*
> *Может, стоит пожалеть*
> *Греческие тушки?*
> *Надо Константину город защитить.*
> *Может, у попов помощь попросить?*

Кровь стекла в море. Утонули рыбы.
О дивное мертвое чудо в суженных зрачках времени.

Византия, вновь посещенная

Как тень сгоревшей птицы, отразившаяся
В мутном зеркале крови, как тень
Безжалостного огня, создающего новые солнца,
Я видел во сне твою тень, красота,

И это была большая золотая роза,
Вращающаяся в водовороте времени,
И распавшиеся сферы, унесенные
Послушной прозрачной кровью воздуха,

А в этой розе леса на севере, пустыни на юге,
И ветер, который засыпал соленым снегом, горьким песком
Золотые купола и сады с поздними цветами,
Нагнувшимися, чтобы прижечь кожу моря,

И на границах бородатые полководцы бессонницы
С глазами красными, как гранат; мутные клепсидры
И помятые карты; мучительная наука войны
Для наступившей зрелости,

Охрипшие часовые сообщают: стрелы на севере,
Саранча на юге; бронированные всадники
Тонут в песке, засыпаемые горячим ветром —
Засушенными золотыми жуками,

И корабли застыли в море, как пауки,
Наколотые на полуденные иглы; тяжелые дромоны
С состарившимися гребцами, над которыми парят
Святые с потемневшими мечами,

И все же продолжается это проигранное сражение,
Чтобы не рухнула башня времени, уже накренившаяся
В саду; золотая стрелка солнечных часов
С длинной осенней тенью,

И, может, это и есть единственное оправдание, мир,
Ты, не перестающий быть недоразумением
Красоты и бессмыслицы, ты, мир хрупкости:
Этого сражения, проигранного чему-то, что идет нам на смену,

За которым остается волна, окружающая красоту,
С уничтоженным совершенством в сердцевине
И горьким сахаром красиво пролитой крови,
Которым усыпаны ветви диких садов.

Плач летописца

Все то, что мы сделали, теперь разъединено пустотой
С неровной каймой островов, рассеянных по морю.
Сколько тишины на каждое хрупкое слово.
Сколько неба на каждую одинокую колонну.
Сколько пугающей гармонии в этих руинах.

И что же тогда надежда, как не мечта о целом:
Созвучие берегов и крик, точно вставленный
В предложение, как камень — в купол неба;
А все то, что мы сделали, теперь разъединено пустотой,
Убого подражающей свету звезд.

Кто соединит все в целое? Продолжит
Нас из нашего несчастья? На каком языке
Шепчут губы с той стороны мудрости?
Пока в сферическом глазе ангела или зверя
Образы соединяются во что-то немыслимое —

Горе тебе, город, ты — песчаный замок на отмели!
Поднявшаяся волна шелестит бессмысленными кружевами,
Скользя у границы, где исчезают все наши знаки;
Кто допишет летопись, книгу, которую пустота
Уже перелистывает алыми пальцами огня?

Вечер на крепостной стене

Слезы последней надежды на щеках
Высушит ветер перед закатом
С соленым серебром отлива на скалах —

Пустынное поле огня в середине моря,
Сорняки и опустевшие улья,
Дикий гранат,
                        красная пища мертвых,
Зреет на склоне длинными тенями;

Смотри, свет нисходит
На наши головы, на плечи,
Сливаясь с нашим прощальным поцелуем,
Как вкус моря со вкусом обрядового вина —

Наше оружие, молчаливое орудие любви;
Солнце зажигает копья, как лучины,
И глаз циклопа наблюдает за нами
Сквозь приоткрытую дверь.

Стилит*

Легче всего был подъем,
А еще легче —
Решение о полете, лежа на земле, у подножья
Столпа, столь совершенного, что я был лишним —

И вот я в равновесии,
Лечу без крыльев, вращаясь вокруг бесконечной точки,
Ни в небе, ни на земле,
                              здесь, на вершине столпа,
Где я усомнился —
Ибо истончились ноги мои, и ребра мои
Выглядывают с любопытством; это плоть ест
Несъедобное время,
                              здесь, на вершине столпа,
Где меня убаюкивает ветер, где я, как светильник,
В котором не меняют свечей;

Мне остаются слова,
Благословляющие торги, журчание толпы,
Почесывание мулов, бряцание весов —

И звезды чуть-чуть ближе
Ночью, когда пустеет базар и тень моя
Несчастная вчерчена в тень столпа:

По ней меня и узна́ете.

---

* Стилит (греч.) — дословно «столпник», христианский святой из числа преподобных, избравший особый вид подвига — непрерывную молитву на «столпе» (открытой возвышенной площадке, башне).

De Administrando Imperio*

Это нагромождение чужих воспоминаний станет
Историей,
                эти слова, которые мы ищем
Во тьме умолчания, станут реальностью,
Пока еще воющей из бездны забвения;
                а у звезд
Нет истории, только время,
Определенное сразу
И измеренное огнем;
             я пишу
О народах, которые, просыпаясь в мокрой глине,
Поднимаются без воспоминаний
У ворот моего города; я пишу буквы,
Чтобы где-нибудь там было найдено начало
Их формы этой глубокой ночью;
Усталость закрывает мне глаза, и я смачиваю их
Подозрительной водой из клепсидры,
             я пишу —
И звуки рождающихся слов
Возвращаются, усиленные отголосками
Будущего, подобно гулу ветра,
Подобно далекому грохоту столкнувшихся войск.

---

* «Об управлении империей» (лат.) — историко-географический трактат с описанием народ-
ностей и соседей Византийской империи, созданный Константином Багрянородным в сере-
дине X в.

16

Византия II

Стратег и законодатель над картой,
И золотой песок в клепсидре;
                              глаза
Детей, как у взрослых, мудрость игры
Под кипарисом, где крошечное пламя травы
Слизывает с камня буквы, которые воздух
Учит наизусть;
                    и купола в зное
Полудня, тяжелого от самоповтора; море
У порога города, и снег на границе,
Изрисованный следами: волчьи смешались
С чужеземными. Печать на письме,
В кольце — движение мертвой руки.
На стенах — тень от движения
Мгновения в сторону вечной славы;
Пчела над цветком жужжит про старость, звезда
Опускает крылатую тень, как якорь,
В мелкое море. Продолжается сражение.

Стерпеть одиночество, без расплаты
За обмен сияния на невинность, без точки в конце
Торжественного и тяжелого предложения.
Язык, и дальше становящийся непонятным,
Прославляет движение, которое создало его, удаляясь
В центр чистого, потерянного круга.
Ветер у границ; длинный мыс
Искрится копьем в полуденном море.

Стратег над картой, писарь над свидетельством
О попытке продлиться. В неопалимой купине
Горят глаза василиска. Охотник
Осторожно сдвигает зеркало,
Уставшее от внимания; язык змеи
И гребень петуха, и окончательный взгляд
В глаза человека, подобный необычайной правде
Заканчивающегося искушения.

Часовой у городских ворот крестится
Движением, которое не знает последствий.

Порт на ночь закрывают цепями
И лампада горит в царской комнате.
И Пантократор в золоте калота,
В величии чистого отсутствия
Повторяет благословенное движение.

И ночь станет длинней всех ночей,
И власть ее будет длиться и длиться
Над уже проигранным сражением:

Когда зрелость вернет себе взгляд,
Опасный без зеркала, без обмана,
Как первый зверь в свое первое утро.

О деяниях любви

Деяния любви разбросаны по всему миру,
Как следы битвы;
                            а трава буйствует,
Сырой зеленый огонь земли
Вновь вспыхивает, чтоб восстановить поруганную девственность,
Ту, что до объятий, до воспоминаний, до голосов
На рассвете, на губах, слегка приоткрытых:
Деяния любви — спорны —

И, когда разрушаются стены, и, когда дичает сад,
Когда стираются буквы, когда ломаются кольца,
Любви становится меньше;
                            но птицы кричат
Над бухтой, там, где море учится у влюбленных
Иной нежности: время останавливается,
А у любви домашнее задание — мир,
                            в котором учатся
Незрелые боги.

Вспоминая сад

Не забудь тот сад, Мелиса, сад
Летящего под откос лета, древний,
Как слово, которое только что произнесено;
                                 урожай в нем был собран,
Дозревали только плоды, редкие и поздние,
В темной листве, уже с сухой каймой:
Огонь сменил направление.
                              Мы говорили на языке,
Который был подобен воде: быстрый на поверхности,
Журчащий и сладкий в жажде воспоминания.
                                       Удивительно
Разбирает судьба материал нашего прошлого для нас,
Для будущих воспоминаний; сейчас я помню твое движение,
Руку, протянутую к случайному дару, некий завет,
Несознательный, но неотменимый. Быстро вечереет,
Дым тлеющих ветвей, молочные капли белой звезды;
Ты шла всего на шаг впереди, уходя
Через сад, отяжелевший от всех земных плодов,
Которые никто не соберет
                        и чей вкус неизвестен.

***

Может быть, ты сказала тогда:

«...думаю, что красивей всего
В любви — предчувствие...»,
Не сознавая, что повторяешься, что ты — зеркало
Губ твоей сестры, которые растворились в море,
В старом саду из яблочной пены;
Я слушал твой голос, переливающийся среди голосов волн
И блеска серебра на крыльях цикад
В цифрах полудня;

а, может, ты тогда
И молчала, какая теперь разница. Было время, когда
Все уже сказано и отменено расстояние
Между словом и действием, между огнем и розой,
И несчастье — невозможно;

там я слушаю тебя сегодня ночью,
Пока яркое пламя сентября сжигает лето
В шелестящих лесах, и близкие звезды уходят
Опять, как воины, на зимнюю стоянку.

Три строфы

После всего, что случится, любовь оправдает нас;
Огонь соединит известью
Хрупкий камень веков, сложит слова
Из полустертых букв,

Летопись станет разборчивей, печать — страшней,
После всего, что случится, любовь оправдает нас —
Серая роза пепла, оттиск
Другой стороны;

Мелиса, твоя кожа подарит
Жаждущему небу каплю моря; построим церковь,
После всего, что случится, любовь оправдает нас,
Уравнивая.

Византия III

Вдова в черном и золотом,
Замурованная в самую высокую северную башню,
В последнем окне поет тебе
В воздухе, забрызганном голосами ласточек;

В воздухе есть и море, и мудрость,
И горсть зерна горящего поля,
На котором расплавился в борозде плуг,
Обезоруженный молнией,

И одна дикая пчела, сестра
Змеиного растения, горькая от собственного меда,
Жужжащая на длинной нитке позднего солнца;

Твои мужчины в песке, в небе,
Во власянице, в воспоминаниях, которые разбудила
Кровь на твоих совершенных руках;

Сыновья медленно достигли роста
Твоего одиночества, твоего ложа,
Сходят с ума с твоим именем
На губах кровосмешения и носят
Внутри звездных детей;

Ты внутри красоты всего, что помнишь,
Но ты с пустыми руками в самой высокой башне.

Слово воина на крепостной стене

Без выбора, без жребия, без притворства,
В этом мире, уменьшенном и вычищенном
(Чтобы наполнить его голосами — хватит одного крика,
Быстрее птицы облетающего башню),
В который уже раз лежащем в руинах, в логове
Зме́я безжалостных лет, лижущего наши уши,
Наполненные шумом чужих стран,
Наполненные ненужным будущим,

                      здесь,
Где объединило нас отсутствие победы,
На треснувшей стене падающего мира,
Всё объясним перед поражением —
Чтобы недеяние от деяния отделилось.
И после того, как наши тела
Исчезнут и засчитаются нам страсть и
Неслучившееся бессмертие,
Ночью, с оружием у костра, пока
Содержимое песочных часов исчезает,
Его заменят наши голоса,

                    а дым
Костра, на котором сожгут наши кости,
На дно часов упадет с последней песчинкой.

Колодец

Нисходят голоса жажды
В каменную глубину:
                 все хуже
Видно небо, все глубже летит камень,
Выпадающий из расшатанных краев;
В воздухе топот плачущих птиц.
И запах чужеземцев —

Когда придут сыновья зимы
И будут давиться горькими корнями воды;

Отразись во мне напоследок,
Полуденное осеннее солнце.

Песня статуи в земле

В другом саду мое лицо,
Только что придуманное, поворачивается медленно
К точному расположению звезд;
                              здесь
У меня уже нет лица, я смеюсь затылком
Над злостью земли, над работой тьмы
В поврежденной ушной раковине;
                              ветер,
Который дует из будущего, не шевелит
Корни вокруг меня, тяжелые крылья
Ангела, приземлившегося на мгновение,
Пока длится свет на самом верху;
                              о, листва,
Тысячи глазных век в движении!
И корни отодвигаются от меня,
И капелька дождя скользнула по плечу,
Которое уже тронула неизвестная рука
В совсем другом саду.

Осень

Ястреб в прозрачности пустоты стремится
В середину угрозы, паря
В равновесии света и ветра,
Прочерченном под аркой крыла;
                           встречное сопротивление
Окружает птицу, злит взгляд,
Быстро сдвигая поля и леса,
Раздувает перья; невидимая башня
Выставляет стрелков у бойниц;
                        листва
Дрожит в голубом воздухе, краснея;

Это цвет винного осадка, это цвет коня,
Покрытого пеной, опустившего голову,
Возвращающегося после битвы с пустым седлом.

Византия IV

Бог мой, не в силах понять это лето —
Слава Твоя тускнеет в шуме
Грязных слов темного полудня;
Отблеск хрупкого золота вокруг
Листка: воздух пропитан предательством,
Для чего Тебе нужно было создавать это —

Ни одной волны, виден только корабль,
Бессмысленно застывший; он
Подобен ладони прикованной руки,
Его мокрые весла подняты вверх;
Лето истекает дождем внутрь деревьев,
Внутрь страниц книг, размывая текст —

Бог мой, упростилась речь Твоя
В то время, когда мокрой простынкой из глины
Ты одним взмахом завесил мир —
Взмахом, примирившим все несчастья
С их началом, с их концом,
Как мед в сотах после смерти пчел —

Теперь в тени разрушающихся стен
Растут дождем некрасивые крылья
Перепутавшихся чисел и букв —

Тяжелеет лето, приближаясь к снежным вратам,
В больших мокрых деревьях. Твой лепет
Вместо речи из слов и точных чисел.

Вавилонские каменщики

Пели ли мы, и если да, то о чем пели на лесах
Башни, до сих пор самой высокой в памяти?
Огонь пылал на кончиках наших языков,
Как в домашнем очаге, становясь ярче,
Когда поднимался камень, когда скрипела лебедка.
Пели ли мы, и если да, то о чем пели на лесах,

Когда башня была мерой возможного несчастья
И поднятый камень — мерой меры, мистерия
Оружия любви в возбужденном воздухе —
Пели ли мы, и если да, то о чем пели в час, когда
Нахмурились брови вестника, поднялись его руки
С первыми словами, после которых раздались крики,

И застучала отпущенная лебедка,
Застонал камень, падая вдоль башни, загорелись чертежи,
Соприкоснувшись с рукописью молнии,
И переглянулись мы в недоумении, с глазами,
От страха походившими на глаза животных,
И разбежались, бросая мастерки,

Что мы пели и что позабыли,
Поняв причину будущего несчастья?
Время медленно разберет нашу башню,
По камню, пока мы учим детей
Говорить языками, тяжелыми от пепла
Со вкусом сгоревшего греха.

Камень Иакова

А. Ч.

Блажен тот, кто, проснувшись, узна́ет изголовье
Из камня, треугольник
Прямостоящего сна, и, трепеща, скажет:
Какое это страшное место —

Укрепит камень в памяти, что
Бесконечней пустыни, закопает его в кровавый луг
Среди цветов и пыльцы,
Пахнущей черным ветром будущего;

Тверды губы зари, отравлена роса,
А капельки ночного неба остались в логове
Запутанной любви; остается только камень

И утренний запах горящего масла, жертва,
Произвольная цена обещания,
Что из камня родится надежда, дикая лоза

Для опьянения сыновей, которые забудут
Искусство страшных снов.

Орфей на крепостной стене

Вот черта, приближаясь к которой, дрожит стихотворение,
Вот ветер, задувающий лампадку, сгибающий
На лету птицу, ломая ей кости,
Вот искаженное отражение, слова, сделавшиеся неточными
От прикосновения звериного воздуха чужих стран —
Это опять время смерти;

Вырвут мой язык, распухший,
Как горькие древесные почки, вырвут
Лиру вместе с рукой,
               слишком поздно —
Я уже на другой стороне,
Уже в родных местах, в расплетенных корнях,
Я уже встаю, узнаю коридоры —

Путь закольцованный, страшный, совершенный.
Это время стихотворения.

Мрачный Гераклит

Измеренный воспламенится, измеренный погаснет
Огонь: тут и мое появление,
Превращающее меру в цель,
В движение пламени на поверхности зеркала —
                                        которое
Состоит из мрака и серебра, из снега,
Падающего, как перхоть молнии, на бороздку
Блеска с оледеневшим сопротивлением —
Я сейчас здесь,
И у меня есть несколько слов для оправдания
В это безумное мгновение, когда мое имя
Обозначает меня;
                              ночь
Расчесывает черный огонь кипарисов
Бриллиантовой расческой ветра, и звезды мерцают,
Меняясь на новые, еще безымянные,
Чтобы измеренными воспламениться, измеренными погаснуть.

Византия V

Чистые голоса памяти, прозрачные капли,
Те, что объединяют ветер, облако и море:
Вода в сухожилиях кипариса —
Как нанизанный жемчуг, что исчезнет —
Старая возможность из слов создать
Свое будущее или стихотворение;
Так мы этой ночью слушали ливень
В саду, где лиственница, мирт,
Розмарин, шалфей и базилик —
Напевающие что-то искры, мокнущее золото
На истончившихся стенах церкви,
Удивительно высеченной в воздухе лета;
Мы вспоминали. Но что такое стихотворение?
Смотри, поссорившиеся голоса утра
Вынырнули из небесного океана:

                       холодная тень

Падает на солнечные часы,
На дикую лозу, на свинцово-серую крышу,
На равнину у моря; смотри, под соснами
Красные кони поднимают головы, обнюхивая
Пламя в своих гривах —

Какое воспоминание надевает обручальное кольцо
Младшему из нас, пока пишет слова
На чистом листе: *несчастье, несчастье, несчастье* —
Будущее — огромное дерево,
А пространство сегодняшнего утра — опустевший stadium
Тени его ветвей;

                    нам холодно,
В воздухе щекочущий пух мороза
И листва, покрасневшая от привычной крови.

Родные места

После путешествий по городам и странам
Теряюсь среди пейзажей, вернувшись
В родные места, оправдывающие воспоминания,
С изгибом источника, бьющего из-под камня,
С холмами, красиво коронованными облаками,
Что рождают огонь в старой пещере,

С теплыми ступнями в холодном море, там,
Где берега обрывистей, а голоса грубей,
С оливковыми рощами, куполами, крепостями —
По чужим городам и странам, всматриваясь
В горизонт, где расстались небо и земля
Бесконечным сиянием одноглазого золота,

С сердцем, сжатым, как горло песочных часов,
Я собирал родные места,
                                    по частям,
Из знаков, которые настигали меня, как истина,
По ту сторону, где повод для любви не нужен,
А любовь необходима: я всегда возвращаюсь
В точку, окруженную близкими именами, как башнями —

Это родные места, единственное, в чем я не сомневаюсь,
Кроме смерти, в которой участвую по праву наследования:
Все остальное — просто разрастание прекрасных руин,
Где каждый прохожий подписывается стихотворением.

Описание моря по памяти

Пространство, углубленное потерянными булавками дождя,
Проясняется среди пиний: видно, как движется серебро
Всего возможного, скопившегося, как войско
Ради короткого праздника пейзажа;
                                        но на откосе
Детские голоса наполняют воздух временем, вода
Шумит среди скал, волна повторяет волну,
Дно лодки сдвигает гальку в бухте;
Целостность нарушена: очень далека середина
Спокойствия, с кружевом по краям —
Лишь только сходство пейзажей памяти
Пронзительно поет о своем источнике:
Сухой снег оливковой рощи, пуна в карьерс,
Нутро граната, красное, как земля,
Чернильная клякса на летописи звезд —

Чтобы намного позже в комнате какой-нибудь зимы
В лабиринте уха
Распрямился серебряный зверь: море.

Рашка*

Звезды над Рашкой не похожи на остальные:
Короткий фитиль, мокрый порох, мутный блеск,
Большая Медведица тонет в крови и грязи,
Которыми покрыты на рассвете волколачьи холмы —

И почему ангел соглашается остаться
В стенах новой церкви, и оберегать эти просторы,
Отмеченные ненадежностью?

Значит, правильно нарисован знак, поставленный
В середину всего этого, туда, где оружие любви
Делают, как детей — в темноте;

Согласно псалмопевцу,
Господь создал лето и весну:
И спокойны те, кому суждено
Владеть временем —

и

В измеренном ими времени растет
Больная любовь, гирькой на сердце:
И поэтому здесь пребывает ангел.

---

* Рашка (Raška) — название одного из первых независимых государств на сербской земле (IX—XIV вв.).

Catena Mundi[*]

Фракийские холмы, Иллирийские горы.
Люблю эти имена, которые время отшлифовало,
Как ручей — грубую гальку;
                                                    помню
Ваши небесные границы, теряющиеся в дымке тумана,
Меняющие цвет после дождей;
                                                    проезжаю
По берегам рек, где ветер повторяет
В движении алфавит, листва
Похожа на пламя, а крики птиц
Вскрывают старые раны воздуха;
Может, здесь мне надо остановиться —

Но ваша красота иная, она словно
Старые карты, что желтеют
Вместе с осенью;
                                        небесные границы гор,
Невидимые, если ты не влюблен;
У подножья этих гор я пью из ладони свет и воду
Недостижимых вершин; мертвые смотрят на меня
Спокойно из-под корней, из-под камней.

---

[*] «Вериги мира» (лат.), старое название Балкан. Происходит от названия одноименного бал-
канского центрального горного гребня.

Византия VI

В странном обмороке увидеть совершенно новый город
До мельчайшей детали — не это ли награда,
Ожидающая наблюдателей?
Они мерзнут на каждом придорожном
Камне, под каждой звездой
Над кипарисом, их ждут пугающие узоры
Волн завтрашнего моря:
Крыши, зараженные огнем проказы,
Стены в дырах, трупы на улицах,
— А в садах весна —
И один несчастный юноша, в ботинках
Цвета крови, ждет
С остальными — может, пламя костра, может, негашеную известь,
Может, клыки собак,
И это все перед лицом Твоим, Боже.
Неужели и правда награда наблюдателям —
Покинуть место,
Для прикосновений к которому они рождены?
Ведь им известно: здесь
Все измеряется несчастьем;

                                      но что
Измеряет несчастье? Может,
Воспоминание, или же забвение
На неизвестном небе, где они посмеют
Увидеть свой город
До последней яшмовой детали?

Надпись у источника

Здесь губы теней темнеют; здесь
Время — синоним жажды, для того,
Чтобы позже струей, наполняющей сосуд,
Измерить бесконечный столб —

Если тебе хочется пить, склонись к воде;
Под шепоты и крики умножающихся капель
Подставь ладонь, пей: жажда свяжет тебя
С мгновением, которое не заканчивается.

По соседству с мертвецами

Быть кипарисом, быть камнем, быть змеей —
Три способа соседствовать с мертвецами
В полдень, когда зажигаются лампадки
В соленом саду моря;

Короткую тень черного дерева
Продолжает время; буквы присоединяют
К камню поочередно воспоминание, существование змеи —
Сопротивление тишине, —

Внутри змеи — медленная молния,
Пьющая молоко обоих миров; раздвоенный язык
Поет о противоречиях еще не случившегося мгновения;

Треугольная тень звезды, для имени которой
Не придумано слово,
                              выпадает из серебра
Старого полуденного зеркала.

Зимние путники

Возвращаясь, мы видели костры на снегу,
Рыжую кровь на бинтах полуночи, еле уцелевшей
У подножия холмов;
                         а вверху
Запоминающаяся навсегда пена моря появлялась
Вновь невинной.
                         Было
Молниеносным движение ангела в трещине
Тяжелого неба; позже — наши следы, бормотание,
Отсутствие звезд;
                         мы поняли — дно колодца
Прорвала холодная грязь,
А наши следы смешиваются с отчаянием
И дымкой голосов —
Следом лязгнули цепи на воротах;
В ожидании хоть какой-то надежды
Ветер спускался с холмов,
Нащупывая дорогу, как ослепленный Эдип.

Надпись на серебре моря

Мы были невыносимо близко
К родным местам,
     сразу по ту сторону
Истончившегося воздуха; вслушивались
В полет сло́ва, которым
Перевели на наш язык молнию;
Испуганные, мы прятались за обман
Времени, в ложное равновесие —
Всего важного, о чем мы помним — образов в момент пробуждения:
Каштан, дикий инжир, медленное пламя
Развалин,
     и все, что мы называем воспоминанием,
Блестит на кончике длинной иглы,
Где вкус огня смешивается с тишиной,
В воздухе, над мимолетным серебром
Моря, застывшего между двумя бурями.

Византия VII

Может, кто-нибудь, сопровождаемый нашими душами,
Будет гулять по этим крепостным стенам, где мы
Смотрели на солнце, медную гирю на весах ночи;
Море будет покрывать серебром гальку,
Гладкую после нежности волн; воздух будет плотным
От дыма наших имен;
                но кто нас поймет?
Ибо будет сдвинут центр пейзажа,
К которому мы пририсованы: может, цветок —
Любовь, впаянная в речь, в наш язык;
И кто захочет сложить наши показания
Из разбросанных слов, из возгласов,
Которые случайно отразятся в старом зеркале,
В движениях волн? И зачем?
Будет ли в завтрашнем дне место для этого
В памяти ангела, в появляющейся
Памяти новорожденной воды? В памяти любовников?
Будут ли им нужны пейзажи предательства
Нашей любви, часовые в пустыне
С песком в легких, этот бедный язык несчастья,
Мгновенное наказание за то, что мы есть, наше неизбежное поражение?
Или без нас будет совершеннее равновесие,
Язык любовников — красивее без наших голосов,
Вписанных в смерть, как кислород в огонь,
Как вода в ручей?

Дафни[*]

Труднопостижимая, хотя и близкая, радость —
Свет, плотный, как камень, падающий
На дубы и лавровые деревья,
Освещающий пристань,
Где мокрая веревка, держащая лодку,
Тихо поет о своей прочности.

Иду по земле, которая блестит
Песчинками, рыбьей чешуей, следом
Ноги в чужом следе (где-то здесь начинаются тропинки,
Протоптанные надеждой
Много веков назад); и легко сказать:
Узнаю след и голос,
Навсегда вмурованный в столб воздуха,
Опирающегося на мои плечи;
Узнать — разве это цель?
Ведь настоящая причина возвращения — верность
Обещанию, верность слову,
Не сказанному в мгновении воспоминания,
Но произнесенному шепотом
В будущем, касающемся щеки
И раздвигающем молодую листву старых платанов
Пальцами морского ветра,
Что живет на берегах реальности.

---

[*] Дафни — небольшое поселение на Афонском полуострове в Греции, используется в основном как порт и главная отправная точка для монашеского государства Афон.

Карея[*]

Меня разбудила тишина в каштановой роще,
Окруженной мехами ветра:
Все горящие звезды —
Огромны, ночь тяжела от света,
Как промокшая ряса.
                    Воздух с балкона
Прогрызает тепло комнаты и проглатывает
Жалкий столбик моей свечи;
                              вновь
Нарушенная история тает,
Как снег, в этом четком распорядке
Огня и голоса: Ἄξιον Ἐστί[**] —
И палец, который на ровной мраморной плите
Выводит греческие слова легким прикосновением,
Реален, как звезды
В пространстве ночи, где близкое море
Поднимается и опускается, как диафрагма,
Что проколота белыми булавками.
                        За час до зари
Золото в горле птицы начинает звучать:
То же самое происходит и со словом.

---

[*] Карея — административный центр, столица монашеского государства Афон. История Кареи восходит к X веку.
[**] «Достойно есть» (греч.), православная молитва.

Ивирон*

Морю ясна цель его существования
На отмели возле Ивирона —
Искрошить берег в цветы, а позже сплести венок.
Это обряд очень медленной любви, мокрый костер
С прокоптившейся музыкой,

шепот пены,

Которая в тысячный раз на глазах меняет цель
И, незаметно, облик гальки:
Старая работа
В четко обозначенном, узком пространстве: а срок,
Обманчиво неограниченный, исчисляется
Количеством песчинок в стеклянной клепсидре ночи;
С какой целью? Сразу за галькой,
За бензиновыми канистрами и чахлой
Растительностью,

другие, хрупкие голоса

Веками плетут изящный венок
И говорят: во имя славы наша верность
Этим местам, укрепленным памятью,

и этому столбу света,

Опирающемуся на море;

я жду корабль,

Разглядывая растрепанное павлинье перо
Пятен мазута у пристани,

и знаю,

Что цель существования ясна,

и слушаю, как быстро сгорает

Фитиль моего короткого имени.

---

* Ивирон, или Иверский монастырь — православный греческий мужской монастырь на Афоне, основанный в X в. грузинами.

По дороге в Эсфигмен[*]

...Позже, может, когда зима
Вывернет наизнанку холодный воздух, сдвинется
В сторону севера и в сторону воспоминания
Наш разговор, уже закованный в тонкое золото образа.
Возможно, тогда из подробностей сложится картина
И случайность будет невозможна
В пространстве слов;
                                   сейчас мы разговариваем
В опасном равновесии,
В неизвестности, под палящим солнцем,
Которое пристегивает тени к нашим пяткам,
Запылившимся на красной дороге,
Ведущей в Эсфигмен,
Сквозь оливковые рощи и цветущие ракиты.
За поворотом перламутровая спинка змеи
Оживает в медленной игре исчезновения
Среди кустов; на тропинке звенит зверобой,
Цветок госпожи; перепонка крыла пчелы
Выжимает каплю света; среди кипарисов
Горизонт удлиняется влево, к ровной черте моря,
Продолжающейся в контурах монастыря —

Все то, что без проверки воспринимаем как обещание
Будущей, совершенной памяти:
Еще остается уверенное усилие,
Начинающееся
С правильного выбора пейзажа,
                                   с прикосновения
Пальца, скользящего по краю запомнившегося,
Как по краю раны...

---

[*] Эсфигмен — один из афонских монастырей, построенный в V в.

Византия VIII, или Хиландар[*]

Единственная дорога, ведущая сквозь цветущие оливы,
Старше города и истины;
В поредевшей листве видны фрагменты
Моря, как в глазок камеры:
Если кадр удался, то в него попадает
И мое неверие в чудеса, складывающееся в улыбку,
Нерезкое, призрачное —

Ибо чудо действительно всегда за углом,
Чудо есть город с одними-единственными воротами,
У которых пароль надо промолчать без ошибки,
Войти в нужное время, исполненным любовью
Ко всему:
                        к камню, кирпичу, свинцу,
Башне, балкону, куполу,
Серебряной фольге послеполуденного солнца
На тонком стекле окна, к тени, поднимающейся
Вверх, как масло по фитилю, по кипарису
Во дворе, вымощенном камнями
И покрытом мальвой —

Ибо радость видеть — всегда
По ту сторону границы; размер задан,
Возможно просчитать
Необъятное и сложить
Воедино: поэтому чудеса подтверждаются
Видением букв,
Плачущих красным, и ветром, прячущим
Иголки ласточек в складки воздуха
Над Саввиным пиргом[**],
И мох проглатывает молнию, вросшую
В северную стену Хиландара, где в вечерней комнате
Моя лампа формой похожа на сердце,
И внутри этого сердца я пишу —
Про розы и персики во дворе,
Про милосердные глаза в золотой оправе,

---

[*] Хиландар — сербский монастырь на Афоне, основанный в XII в. святым Саввой.
[**] Саввин пирг — башня (серб.), носящая имя св. Саввы, сербского архиепископа.

И думаю о Том, Кто нагнулся
Над совершенным чертежом чуда.

Астрапа*

Смотри, еще влажные стены церкви моргают, как веки,
Берегущие только что научившиеся видеть глаза —
Это ты их открыл,
Упорно нанося чистые краски
На ничтожество штукатурки;

                        твоя работа закончена,
Время властно окружило тебя
Замкнутым кольцом своей торжественности;
Как попасть внутрь,
Как вписаться в этот шуршащий свет,
На котором уже нет тени твоей руки?

Отступаешь в притвор,
Уходишь под своды, как паук,
Плетешь из слов «я», «мука», «соль», «пиво»
Хитрую сеть —
Свою заслуженную оплату, путевые издержки
За ветреную дорогу вдоль Ибра;
Затем стягиваешь язык молчанием,
А живот мула подпругой. Исчезаешь.

Теперь только на нитях паутины
Висит твое имя, Астрапа;
И, пока годы капают,
Как сосульки с крыш,

На одной из стен твои веки
Медленно открываются,
Пугаясь знакомого света.

---

* Михаил Астрапа, греческий живописец, расписавший вместе с Евтихием из Фессалоники церковь Богородицы Левишка (начало XIV в.) в сербском городе Призрен, Косово.

Византия IX

Черные быки пасутся возле монастыря,
Будто куски черной ночи, заблудившейся
В тени платанов;
                        поднимут изредка головы
И прислушиваются к будущему, которого не видно
Из окна башни;
                    там летописец,
Младший брат, пером из крыла ангела
Выводит буквы — крупные, корявые, черные:
Описание природы в зеркале;
В глазах его море, а сердце разбито —
Левая его половина — из драгоценностей,
А правая — ветер в беззвездной ночи;
Пишет правой рукой, пока левая усыхает,
Превращаясь в чистое золото.

Черные быки пасутся возле монастыря,
Подлинные, как те жития святых,
Что отсутствуют в наших книгах.

О пропорциях

Здесь требуются громадные усилия:
Тысячи лесорубов, чтобы нарубить деревьев,
Тысячи каменщиков с белыми ресницами,
Чтобы вынуть камни из твердой скалы
Холодного хаоса; чтобы стены выросли в
Геометрию, достаточно емкую,
Чтобы вместить в себя ветер
        и из бронзы отлить
Лилии, пальмы, львов и херувимов
На столбах в четыре локтя толщиной, —
       надо построить храм
И сделать его светлым изнутри, как слово,

Чтобы осталась одна-единственная стена,
Перед которой можешь встать на колени
И заплакать, как никогда до этого.

Византия X

Масло и золото в сладком воздухе над садом
После того, как собраны фрукты —
                                                лето
На грани разрухи, после победы;
Камень, брошенный в лазурь, зачеркивает
Четко запутанные тропинки ласточек
И падает медленно:
                        можешь коснуться камня,
Но не движения бросившей его руки;
                        можешь коснуться
Маслины, но не того, что заставляет ее
Расти;
                        праведники или нет,
Мы свидетели истины, расставляющей
По порядку причины и следствия,
Чтобы образы могли говорить, а речь смогла бы
Стать видимой, —
                        но море в полночь
Достигает берега, израненное
Долгой любовью ветра,
Говорит на том же языке,
                        и звезды —
Стратегический свет небесной флотилии, приближающейся,
Но так никогда и не прибывающей — молчат на том же языке.
И все же остается возможность
Говорить о призрачном, а в сердце
Хранить верность отсутствующему первообразу,

Пока сужается кольцо надежды вокруг города,
А пространство раздвигается, чтобы принять будущее,
Населенное непонятными чудесами.

Концерт византийской музыки

1.

Проснувшись в неизвестной комнате,
Весной, переведенной назад,
Как стрелки часов, с ясной целью —
Склонившись из окна, легко очерченного,
Вижу свет на мокром газоне, яблоню,
Цветущую по-северному; вижу сад,
Пьяный от дождя, вижу лиственницу
И светлую тую, воздух, проколотый изнутри
Громким клювом дрозда — невидимки
В кустах, горящих ясным холодным огнем
Апрельского утра —
                          отсутствующий Творец,
Создай из этого будущего воспоминания,
Уже смешанного с метафорой,
В которой сияют нарциссы, мокрые
От прикосновений к собственным теням —
Из воспоминаний, страха и перьев
Промокшего дрозда, из капель на боярышнике
И одичавшей надежды,
                        создай хоть какой-то смысл,
Очевидность, неназываемую, ужасающую
Своей конечностью, как любовь, осознанная слишком поздно —
Ибо ускорение сотрет наш выигрыш над
Невинным воспоминанием, настоящим доверием,
А то, что пропущено, переоденется
В опасный смысл;
                    сложи поэтому
Мои светотени, умножь,
Извлеки корень, сократи остаток:
Позднее лето уже наклоняется над книгой,
Неразборчивой в быстром блеске молний.

Но если то ужасное
Уже случилось, если только снится
Мне эта бессонница, эта невозможность
Проснуться побежденным на ничьей земле,
С бессмысленным паролем в разорванном рту —

Если лестница отодвинута,
А язык вырван из нутра
С корнем, с душой, с легкими,
Если пространство разрушено и еле держится
На связках времени, а пустая тень ангела
Помялась в горной расщелине,

Если движение руки повторяется,
Распавшись на бесчисленное множество в холодных кристаллах
Глаз огромного насекомого, которое, в отличие от нас, от умных,
Никогда не ошибается, —

Если я — случайный крик, кость, застрявшая в горле
Левиафана, который тонет в болотах
Какого-то апокрифа, если я — лишай
На камне в морозной ночи,
Где, как сказал поэт, ссорятся вихри —

(Тут обрывается лента, тут сердце,
Обороняясь, взрывается розой...)

3.

Когда я говорю: газон, дерево, дрозд под дождем,
Когда я называю вещи, я защищаюсь
От воспоминания о страшной целостности:
Моя сила — в несовершенных
Частях, которые складываются
В узор Лабиринта. Минотавр,
Мой брат по черному молоку — не что иное,
Как дикий страх совершенства,
Которое стирает страсть, усилия для
Венчания газона, дерева, дрозда и дождя
С моим оправданием. Та лиственница —
Различимая буква в подписи утра,
Чей почерк не разобрать. Так и восстанавливаю
Надежду букву за буквой.

Но изнанка воздуха уже сгустилась
В твердую замазку на дне зеркала;
Она существует, чтобы отобразить
Картину с перевернутыми полюсами. Течение
Меняет направление, рождая движение.
                                    Так
Обман представляется видом милосердия:
Движением в несовершенстве. Поэтому
В перевернутой картине сердце становится
Гирькой на весах.
                        По той же причине
Поворачивается глаз тьмы, разделяющей
Звезды; без нее мы бы и не знали,
Что звезды существуют. Via negativa*.
В морозной ночи расстояния между огнями
Измеряются тьмой и дикими зверями.

И слова, которые ищут тебя в это утро,
Бросают тень,
                        потому что были частью тьмы.

---

* «Через отрицание» (лат.), теологический термин.

4.

В неизвестной комнате
С окном в сад, в котором нарциссы
Подражают одному стихотворению, написанному
Где-то рядом почти двести лет назад,

Сжимаюсь, как пружина, сопротивляясь
Мысли: если уже случилось —
Если надежда движется лишь по инерции
Угасшего милосердия, если она — проворачивается колесом
Вокруг пустоты, своим сечением
Вспоминая ось, выпавшую
На одном из поворотов —

Но где-то здесь написан *Концерт*
византийской музыки;
                                                  пытаюсь понять,
Снились ли мне, спустя двое суток,
Греческие черноризцы, которые
Поют, помещенные в ошибку пространства:
Kyrie eleison*.

Были они черны, как дрозды под дождем.
И было их девять — по трое
На каждый из трех миров, соединенных
Холодной страстью поющих голосов.

Радуйся, неназываемое имя,
Радуйся среди развалин
Восьмого дня творения.
Кто забыл причину, тот приговорен прославлять
Неисправимые последствия.

---

* «Господи, помилуй» (греч.).

ВАСКО ПОПА

маленькая шкатулка

Маленькая шкатулка

У маленькой шкатулки растут первые зубы
И растет маленькая длина
Маленькая ширина маленькая пустота
И вообще всё что у нее есть

Маленькая шкатулка продолжает расти
Шкаф в котором она была
Теперь внутри нее

И она растет все дальше и дальше
Сейчас уже и комната внутри нее
И дом и город и страна
И мир внутри нее

Маленькая шкатулка помнит свое детство
И страстно желает
Снова стать маленькой шкатулкой

Сейчас в маленькой шкатулке
Хранится миниатюрный мир
Ее легко можно положить в карман
Легко украсть и легко потерять

Берегите маленькую шкатулку

Поклонники маленькой шкатулки

Пой маленькая шкатулка

Пусть сон не овладеет тобой
Мир бодрствует внутри тебя

В твоей четырехсторонней пустоте
Мы превращаем далекое в близкое
Забытье в память

Не дай расшататься своим гвоздикам

В самый первый раз
Мы смотрим за пределы этого мира
В замочную скважину

Поворачиваем твой ключ в наших ртах
Глотаем буквы и числа
Твоей песни

Не дай своей крышке резко открыться
А дну отвалиться

Пой маленькая шкатулка

Мастера маленькой шкатулки

Не открывайте маленькую шкатулку
Из нее выпадет шляпа небес

Не закрывайте ее ради чего бы то ни было
Оторвется штанина вечности

Не бросайте ее на землю
Яйца солнца разобьются внутри нее

Не подбрасывайте ее в воздух
Кости земли сломаются внутри нее

Не держите ее в своих руках
Тесто звезд прокиснет

Да что же вы это делаете Бога ради
Не спускайте с нее глаз

Владельцы маленькой шкатулки

Постелите внутри маленькой шкатулки
Собственную драгоценную кожу
И располагайтесь
Как у себя дома

Займитесь ездой верхом на пространстве
И собирайте звезды и доите время
И спите среди облаков

Просто не притворяйтесь
Что вы важней ее длины
И умней ее ширины

Иначе продадим за бесценок
И вас и ее и всё что в ней
Первому ветру-живодеру

Нам наплевать на выгоду
Но просроченный продукт мы не хотим

И перестаньте сказки рассказывать
Что мы вам говорим
Изнутри маленькой шкатулки

Жильцы маленькой шкатулки

Бросьте в маленькую шкатулку
Камень
И вынете птицу

Бросьте свою тень
И вынете счастливую рубашку

Бросьте отцовский корень
И вынете ось вселенной

Маленькая шкатулка работает на вас

Бросьте в маленькую шкатулку
Мышь
И вынете гору

Бросьте родную раковину
И вынете чашу вечной жизни

Бросьте свою голову
И вынете две

Маленькая шкатулка работает на вас

Враги маленькой шкатулки

Не кланяйтесь маленькой шкатулке
В которой предположительно находятся
Ваши звезды со всеми другими звездами

Опорожнитесь
В ее пустоту

Выньте из нее все гвóздики
И отдайте их владельцам
Чтобы съели

Сделайте дыру у нее в середине
И наденьте ее на свои маятники

Наполните ее чертежами
И кожей ее мастеров
И растопчите ее ногами

Привяжите ее к хвосту кошки
И прогоните кошку

Не кланяйтесь низко маленькой шкатулке
Если сделаете это
То никогда не выпрямитесь снова

Жертвы маленькой шкатулки

Даже и во сне
Не имейте никаких дел
С маленькой шкатулкой

Если вы увидите однажды ее наполненной звездами
Вы проснетесь
Без сердца или души в пустой груди

Если вы засунете однажды свои языки
В замочную скважину
Проснетесь с дырой во лбу

Если вы однажды раздробите ее
Своими зубами
Встанете с квадратной головой

Если вы даже увидите ее пустой
Вы проснетесь
С животом наполненным мышами и гвоздями

Если во сне вы имели дело
С маленькой шкатулкой
Вам лучше вообще никогда не просыпаться

Оценщики маленькой шкатулки

Карлу Максу Остоичу

Что вы рот разинули перед маленькой шкатулкой
Которая в своей пустоте
Держит целый мир

Если маленькая шкатулка держит
Мир в своей пустоте
Значит антимир
Держит маленькую шкатулку в своей антируке

Кто откусит антируку антимира
Когда на ней
Пятьсот пальцев

Вы верите
Что сможете это сделать
Своими тридцатью двумя зубами

Или вы ждете
Что маленькая шкатулка
Влетит вам в рот

И поэтому рот разинули

Благодетели маленькой шкатулки

Мы вернем маленькую шкатулку
В руки
Ее маленьких искренних свойств

Мы не сделаем с ней
Ничего плохого
А просто разберем ее

Мы распнем ее
На ее же собственном кресте

Проткнем ее раздутую пустоту
И пусть вытекает
Вся скопившаяся синяя космическая кровь

Мы очистим ее от звезд
И антизвезд
И всего остального что гниет внутри нее

Мы не будем ее мучить
Просто снова соберем

Мы вернем ей назад
Ее свойства безделушки

Заключенные маленькой шкатулки

Откройся маленькая шкатулка

Мы целуем твое дно и крышку
Замочную скважину и ключ

Весь мир в тебе помялся
И теперь похож на всё
Кроме самого себя

Даже мать-жизнерадостность
Не смогла бы узнать его

Ржавчина разъест твой ключ
Мы с нашим миром у тебя внутри
А в итоге и ты тоже

Мы целуем твои четыре стороны
И четыре угла
И двадцать четыре гвоздика
И вообще всё что у тебя есть

Откройся маленькая шкатулка

Последние новости маленькой шкатулки

Маленькая шкатулка содержащая мир
Влюбилась в саму себя
И зачала
Другую маленькую шкатулку

Маленькая шкатулка маленькой шкатулки
Также влюбилась в себя
И зачала
Другую маленькую шкатулку

И это продолжалось бесконечно

Мир из маленькой шкатулки
Должен был быть внутри
Последней родившейся маленькой шкатулки

Но ни одна из маленьких шкатулок
Внутри маленькой шкатулки влюбившейся в себя
Не является последней

А теперь иди же и попробуй найти мир

Верни мне мои тряпочки[*]

Только вернись ко мне в голову

Мыслями исцарапаю твою щеку

Только появись передо мной

Глаза начнут лаять на тебя

Только открой рот

Мое молчание сломает тебе челюсть

Только напомни о себе

Воспоминание разроет землю под ногами

Вот как все далеко зашло между нами

---

[*] «Верни мои тряпочки» — сербский аналог русского выражения «отдай мои игрушки».

1.

Верни мне мои тряпочки

Мои тряпочки из легкого сна

Из шелковой улыбки из полосатого предчувствия
Из моих кружевных мышц
Мои тряпочки из надежды в горошек

Из горячего желания из пестрых взглядов
Из кожи моего лица

Верни мне мои тряпочки
Верни если уж тебя просят по-хорошему

2.

Слушай, ты, чудо,

Сними эту белую косынку
Мы знаем друг друга слишком хорошо

Мы с тобой в детстве
Из одной миски хлебали

Спали в одной постели
Ты — нож с тяжелым взглядом

По искривленному миру ходили
С тобой, змея под рубашкой,

Слышишь, притворщица,
Сними эту белую косынку
Незачем нам друг друга обманывать

3.

Я не посажу тебя на плечи

Не понесу куда скажешь

Не пойду даже если золотом подкуешь
Запряжешь в телегу ветра на трех колесах
Поводок радуги накинешь

Не подкупишь меня

Не тронусь даже и с запасными ногами в кармане
Ни вдетым в иголку ни завязанным в узел
Ни превращенным в хлыст

Не пугай
Не пойду ни недожаренным ни пережаренным
Ни пресным ни пересоленным
Даже во сне не пойду

И не думай
Не купишь меня на это не хочу

4.

Вон из моей замкнутой бесконечности

Из хоровода звезд вокруг моего сердца
Из куска моего солнца

Вон из смешного моря моей крови
Из моего прилива из моего отлива
Вон из моего молчания на суше

Вон я сказал вон

Вон из моей живой пропасти
С моего родословного древа

Вон сколько мне придется орать вон

Вон из моей лопающейся головы
Вон, только вон

5.

У тебя в голове поселились куколки

А я их купаю в своей крови
Пеленаю в лоскутки кожи

Делаю качельки из своих волос
Коляску из позвонков
Крылья из своих бровей

Дарю им бабочек из своих улыбок
Делаю диких животных из зубов
Чтобы охотились убивали свободное время

Ну и какая же это игра

6.

Корень твой и сок и крону

И всю жизнь

Жаждущий твой образ в голове
И жар глаз на кончиках пальцев
И каждый каждый твой шаг

В три котла капризов воды
В три печи знамен огня
В три безымянных ямы без молока

Чтобы замерзло твое дыхание в горле
Превратилось в камень под левой грудью
С птицей-бритвой внутри

В голое логово и голод пустоты
В голод ножниц начала и конца
В матку неба которого не знаю

Сок твой и семя и блеск
И тьму и точку конца моей жизни
И всего этого мира

7.

Что случилось с моими тряпочками

Не возвращаешь их всё не возвращаешь

Сожгу твои брови
Не всегда тебе оставаться невидимкой

Сотру границу дня и ночи внутри тебя
Разобьешь голову о мои дверцы

Состригу твои поющие ногти
Чтобы не чертила ими «классики» в моей голове

Натравлю туман твоих костей
Пить цикуту у тебя с язычка

Вот увидишь что я с тобой сделаю

8.

И ты хочешь чтобы мы занимались любовью

Можешь заново собрать меня из пепла
Из обломков грохота
Из моей смертной скуки

Можешь красавица

Можешь поймать меня за прядь забвения
Обниматься со мной в пустой ночной рубашке
Целовать меня в отголосок

Так ты ведь не умеешь заниматься любовью

9.

Уходи чудо

Наши следы кусают друг друга
Кусаются после нас в пыли
Мы плохая пара

Непреклонный и холодный смотрю сквозь тебя
Сквозь тебя гуляю от одного края к другому
Хватит уже играться

И зачем мы тряпочки перемешали

Верни их что ты с ними будешь делать
Напрасно на твоих плечах они выцветают
Верни мне их и уходи в никуда

Убегает чудо от чуда

Разве у тебя нет глаз
Ведь и я чудо

10.

Черный язык черный полдень черная надежда

Все у тебя черно только озноб мой белым
Волком в твоем горле

Буря постель твоя
Жуть моя подушка
Скатертью тебе дорога

Твои кусочки из огня а зубы из воска
Вот и жуй меня обжора
Сколько хочешь жуй

Твой ветер нем нема вода немы цветы
Все у тебя немо а мой крик летит
Ястребом в твое сердце

Сгинь нечистая сгинь

11.

Я стер твое лицо с моего лица

Отодрал твою тень от моей тени

Сровнял все холмы внутри тебя
А равнины твои превратил в холмы

Перессорил между собой все твои времена года
Перемешал все твои четыре стороны света

Замкнул свою линию жизни вокруг тебя
В темноте и невозможности

Ну вот попробуй теперь со мной встретиться

12.

Хватит красивых слов хватит милой чепухи

Не хочу я больше это слушать не хочу ничего знать
Хватит хватит

В последний раз скажу хватит
Наполню рот землей
Сожму зубы

Чтобы прекратить это ведьма
Чтобы прекратить однажды и навсегда

Я буду таким какой есть
Без корней без ветвей без кроны
Я обопрусь на то что останется
На свои шишки

Я буду в тебе осиновым колом
Только этим и могу быть
В той что напрасно испортила игру

Чтобы никогда тебя больше не было

13.

Не шали чудо

Ты нож под косынкой скрываешь
Переступило ты черту подставило подножку
Испортило игру

Небо мое перевернулось
Чуть голову не разбил себе о солнце
Тряпочки мои разбросаны

Не должно шалить чудо с чудом

Верни мне мои тряпочки
А я верну твои

Знакомство

Не соблазняй меня синева небосвода
Не играю
Ты — небо пересохшего нёба
Над моей головой

Лента пространства
Не переплетай мои ноги
Не увлекай меня
Ты — язык который не спит
Семиконечный язык
Под моими стопами
Не пойду

Мое доброе дыхание
Мое сбившееся дыхание
Не опьяняй меня
Уже слышу вдох и выдох зверя
Не играю

Слышу знакомые звуки
Клацанье собачьих клыков
Чувствую пропасть пасти
Открывающую мои глаза
Вижу

Вижу не снится.

Деревня моих предков

Один обнимает меня
Один смотрит волчьим взглядом
Один снимает свою шляпу
Чтобы мне было лучше его видно

Каждый из них спрашивает меня
Ты знаешь кем я тебе прихожусь

Неизвестные старики и старухи
Присваивают имена
Мальчиков и девочек покоящихся в моей памяти

И я спрашиваю одного из них
А вот скажи-ка по-честному
Жив ли еще Георгий Волча

Да это я и есть
Отвечает он голосом с того света

Я глажу его рукой по щеке
И глазами умоляю сказать мне
Жив ли все еще я

Дом

С первыми лучами холодного солнца
Нам наносит визит Агим
Плотник с окраины Приштины

Он приносит нам два красных яблока
Завернутых в шейный платок
И новость о том что приобрел дом

Наконец-то у тебя есть крыша над головой Агим

Нет крыши
Ветер сорвал ее

Ну а есть дверь и окна

Нет ни дверей ни окон
Зима унесла их с собой

Ну а есть четыре стены

Нет даже этих четырех стен
Все что у меня есть — тот дом о котором я говорю

А остальное будет легко

Похитители роз

Кому-то быть розовым кустом
Кому-то быть дочерьми ветра
Кому-то похитителями роз

Похитители роз крадутся среди ветвей
Один из них крадет розу
И прячет ее в своем сердце

Появляются дочери ветра
Видят раздетый прекрасный куст
И начинают погоню за похитителями роз

Вскрывают грудные клетки одну за другой
У кого-то находят сердце
А у кого-то ей-Богу нет

Они будут вскрывать грудные клетки
До тех пор пока не найдут сердце
В котором похищенная роза

Из цикла «Поклонение хромому волку»

Возвращайся в свою нору
Опозоренный хромой волк

И спи там до тех пор
Пока лай не замерзнет
И бранные слова не заржавеют
И факелы всеобщей травли не погаснут

И до тех пор пока все не упадут
С пустыми руками внутрь самих себя
И не прикусят свои языки с горя

И насильники псоглавцы с ножами за ухом
И загонщики с половыми органами через плечо
И охотничьи драконы питающиеся волками

Я ползу к тебе на четвереньках
И вою о твоей славе
Как в твои былые
Времена величия

И я молюсь тебе мой старый хромой бог
Вернись в нору

Конь

Как обычно
У него было восемь ног

Меж челюстями
У него жил человек
Со своими четырьмя сторонами света

Когда-то поранил рот
Захотев
Надкусить кукурузный стебель
И это было давно-давно

В его прекрасных глазах
Печаль замкнута
В круг
Потому что тропинка бесконечна
И нужно тащить за собой
Весь мир

Рассеянное число

Жило-было такое число
Чистое и круглое как солнце
Но одинокое очень одинокое

И оно начало вычислять само себя

Делило умножало
Вычитало складывало
Но всегда оставалось одиноким

Оно перестало вычислять себя
И захлопнувшись закрылось
В свою круглую и солнечную чистоту
А снаружи остались огненные следы
От вычислений

Во тьме они начали гоняться друг за другом
Делились когда умножались
Вычитались когда складывались

Ну просто так как это и делается во тьме

И не было никого чтобы попросить
Остановить и стереть
Следы

Поэтический вечер для гастарбайтеров

«Добро пожаловать, товарищ поэт,
когда вы прочтете нам свои произведения?
Может, когда закончится рабочая смена?»

«После работы рабочие так устают, что только и ждут возращения в свои жилища».

«Может быть, в субботу?»

«В субботу рабочие приводят себя в порядок, стирают и чинят свою одежду, пишут письма домой».

«Может быть, в воскресенье?»

«В воскресенье рабочие покидают свои жилища, те, кто помоложе, навещают подружек, те, кто постарше, отправляются на вокзал ждать поезд».

«Так у вас нет времени на стихотворения?»

«Как видите, у нас нет времени, но вместе мы его создадим».

До игры

*Зорану Мишичу**

Надо закрыть один глаз
Посмотреть в каждый уголок себя
Убедиться что там нет гвоздей или воров
Или яиц кукушки

Закрой затем другой глаз
Сядь на корточки и подпрыгни
Подпрыгни высоко-высоко-высоко
До самой макушки

Упади потом всем своим весом
Упади надолго глубоко-глубоко-глубоко
На дно своей пропасти

Кто не разобьется на кусочки
Кто останется цел-целехонек
Начнет игру

---

* Зоран Мишич (1921 — 1976) — сербский писатель и литературный критик.

Тщеславная ошибка

Жила-была ошибка
Такая глупая такая маленькая
Что никто бы и не обратил внимания

Даже себя она не хотела
Ни увидеть ни услышать

И что она только не придумывала
Для доказательства
Своего существования

Она выдумала пространство
Чтобы поместить туда свои доказательства
И время чтобы сберечь их
И мир чтобы тот мог их увидеть

Все что она выдумала
Было уже не смешным
И не маленьким
А было очень ошибочным

А разве могло быть иначе

Из цикла «Волк-полукровка»

Вы лаете

Так что мой разум покинул голову
И ночью из него вырос
Зловещий хвост

Вы лаете

Так что мои мысли стали
Серой щетиной
Прокалывающей каждую пору кожи

Вы лаете и лаете

Так что слова пахнут
Человеческой плотью горящей на погребальном костре
И белой спермой моего хвостатого бога

Вы лаете лаете и лаете

Так что из моего горла исходит
Хорошо знакомый кровожадный вой
Который я зову песней

Ну и лайте

Каленич[*]

Почему мои глаза
На твоем лице
Брат ангел?

Ярче становятся цвета
На краю забвения

Неизвестные тени
Не дают мне вернуть
Молнию твоего меча
В ножны

Цвета созревают
На светлой ветви времени

Откуда такое прекрасное упорство
В уголке моих губ
Брат ангел?

Цвета горят
Молодостью в моей крови

---

[*] Каленич — сербский православный монастырь, посвященный Введению Богородицы и основанный в начале XV в.

Далеко внутри нас

Мы поднимаем руки
Улицы уходят в небеса
Мы опускаем глаза
Крыши падают на землю

Из каждой боли
Что неупомянута
Вырастает по каштану

Из каждой надежды
Что мы лелеем
Пускает ростки звезда
Что движется непостижимо для нас

Слышишь пулю
Летящую над нашими головами
Слышишь пулю
Ждущую в засаде нашего поцелуя

Могила Растко Петровича[*]

Старая уборщица моя землячка
Узнала что я навестил
Могилу Растко на кладбище
Рок-Крик в Вашингтоне

Я пеку пироги говорит она
Каждый год на праздники
И зажигаю свечи
За умерших в моей стране

И за индейцев оцеолов
Так как мои соседи сказали
Что их захоронения лежат
Под кварталом наших домов

Теперь я буду заботиться
И о сербском поэте

К нему ведь тоже никто не приходит

---

[*] Растко Петрович (1898 — 1949) — сербский поэт, романист, искусствовед, дипломат, один из наиболее значительных сербских писателей в период между Первой и Второй мировыми войнами.

СОДЕРЖАНИЕ

Васко Попа. Маленькая шкатулка